This page belongs to

. . . .

. . . .

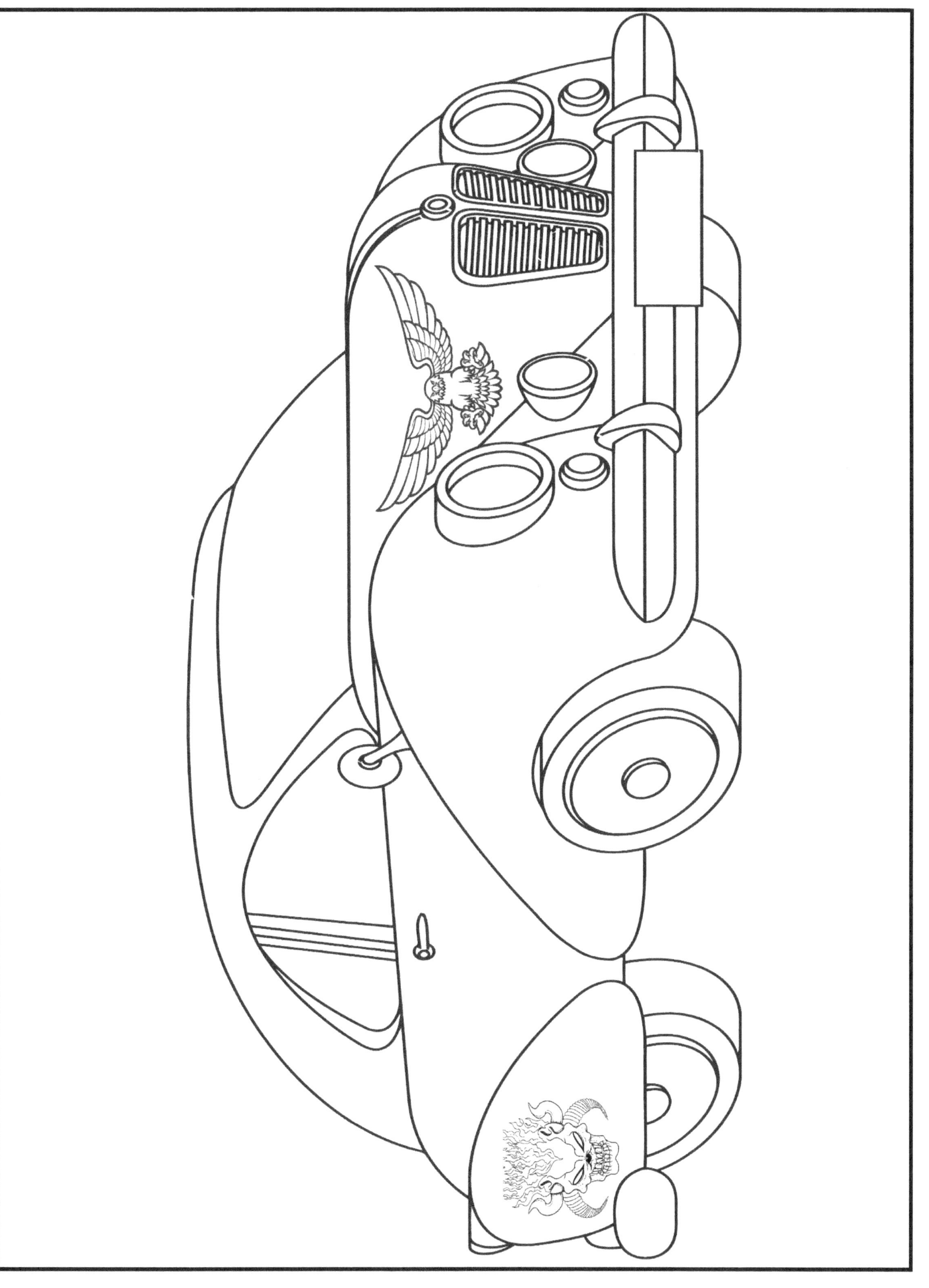

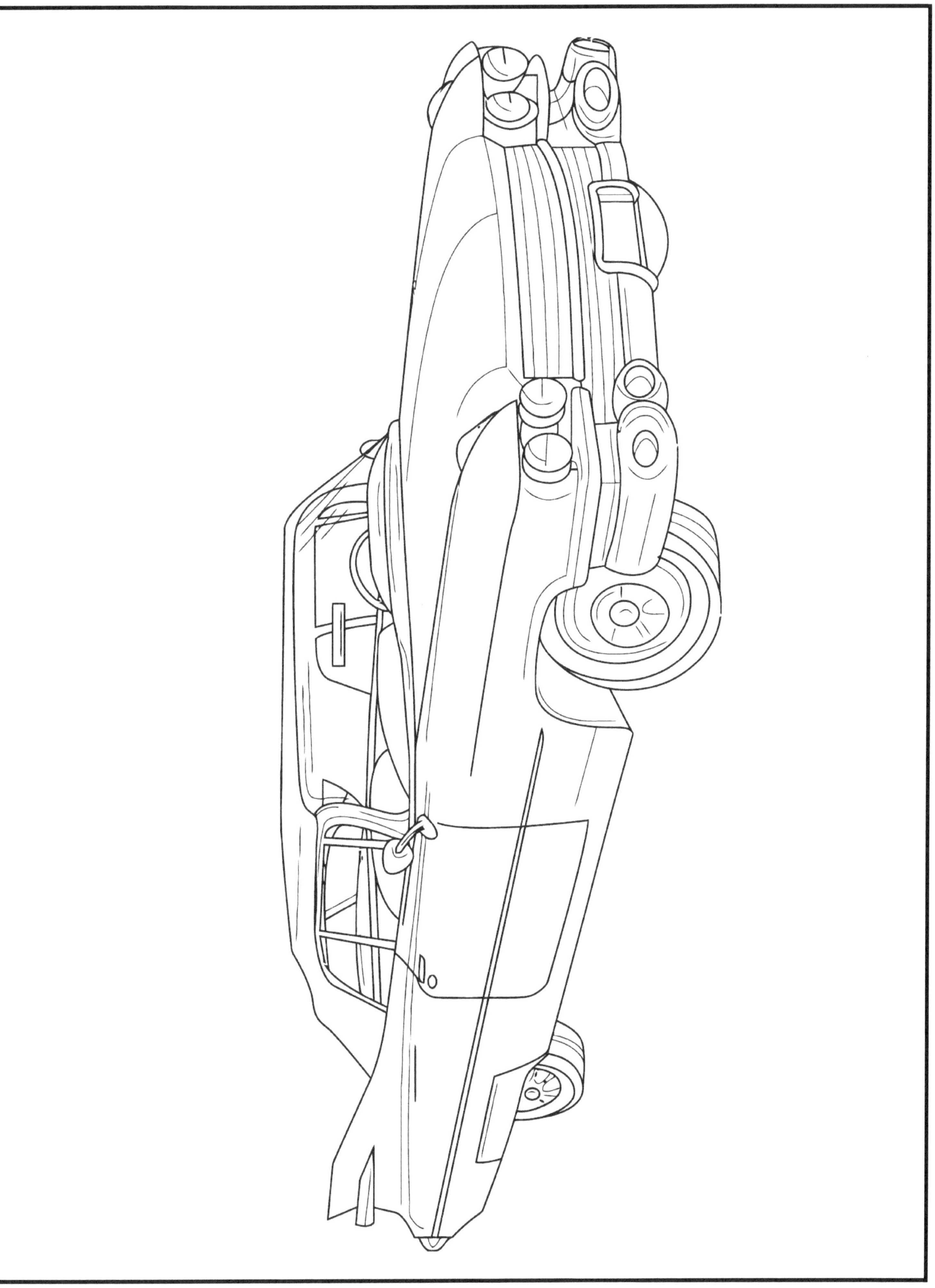

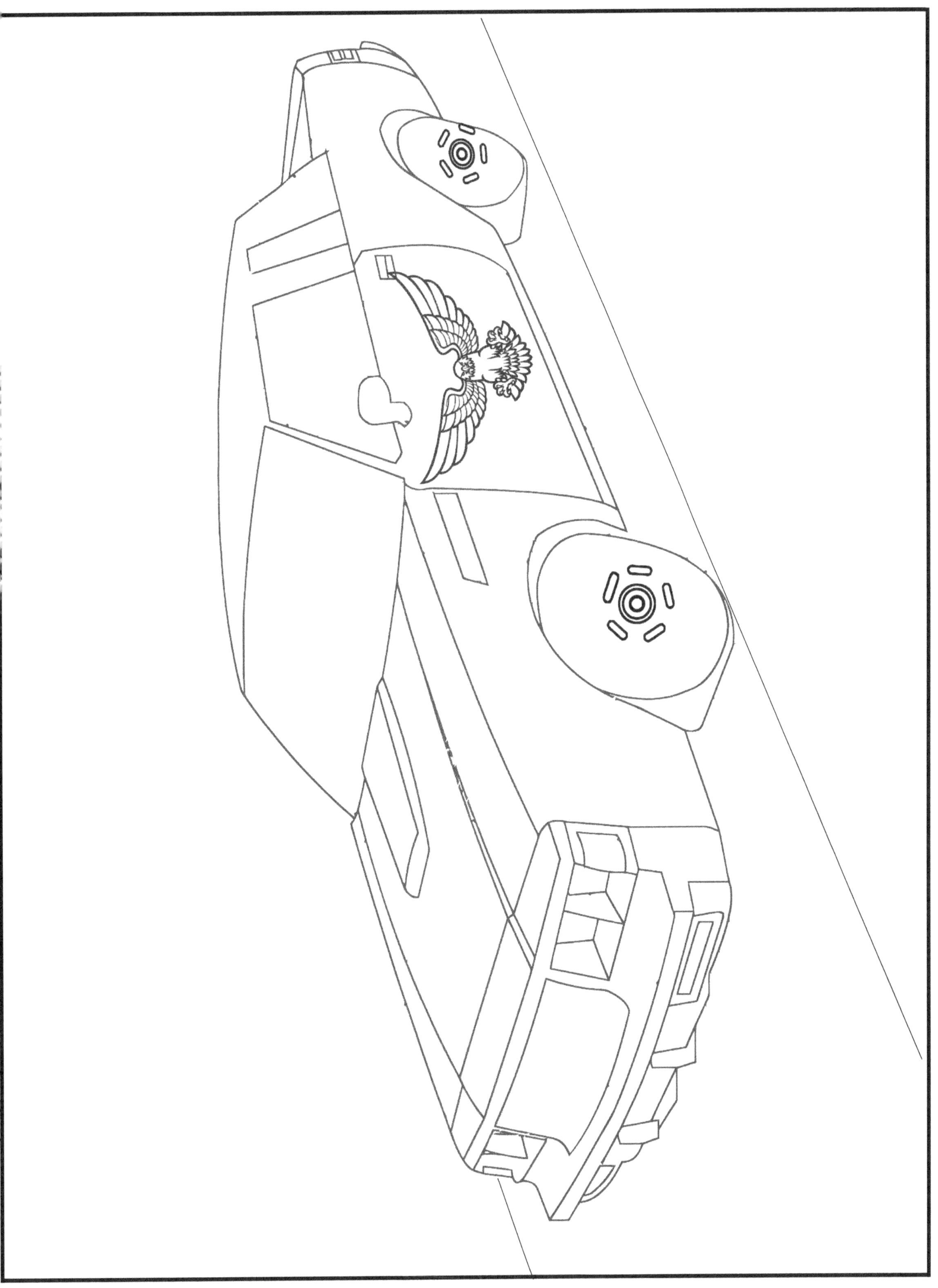

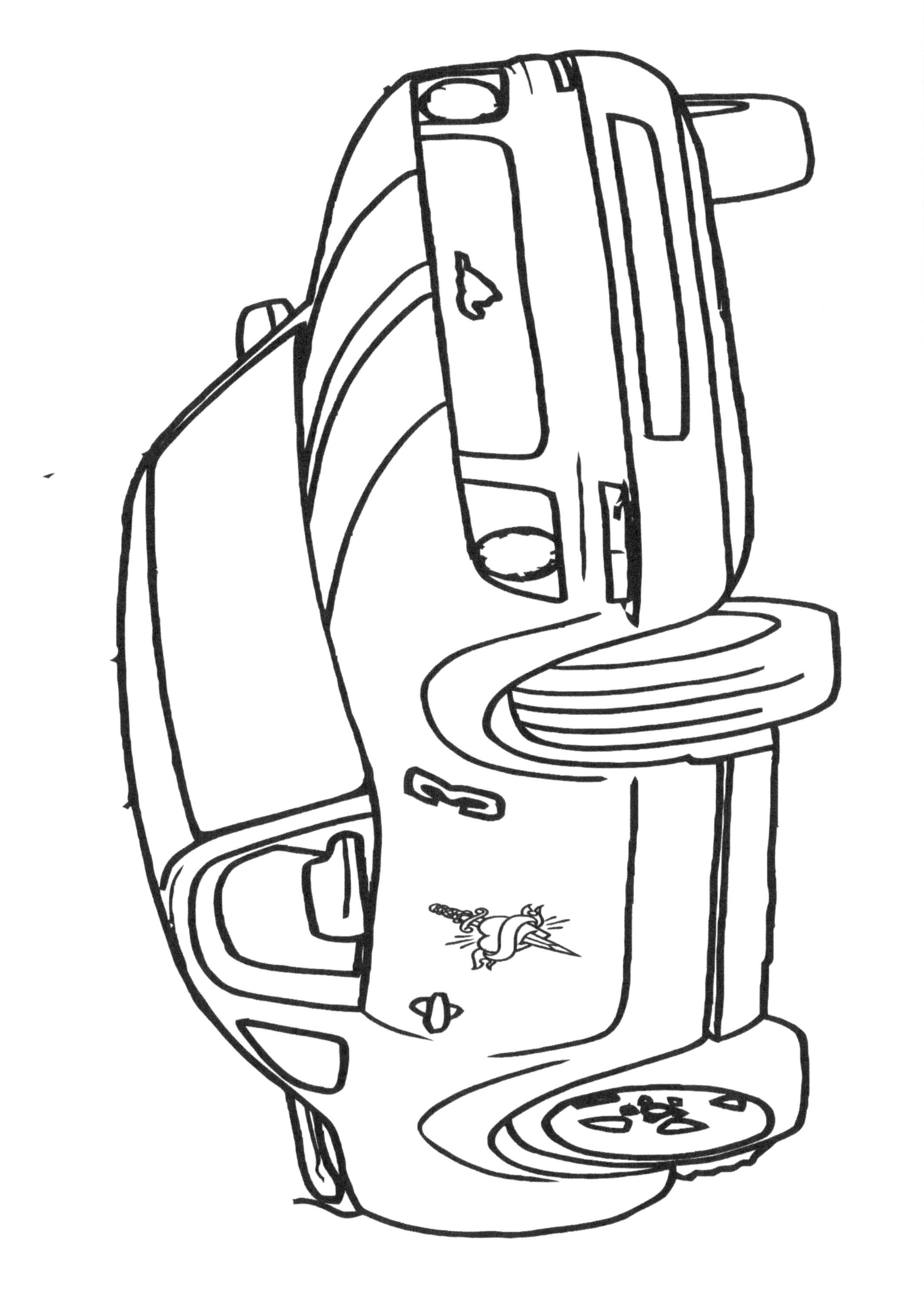

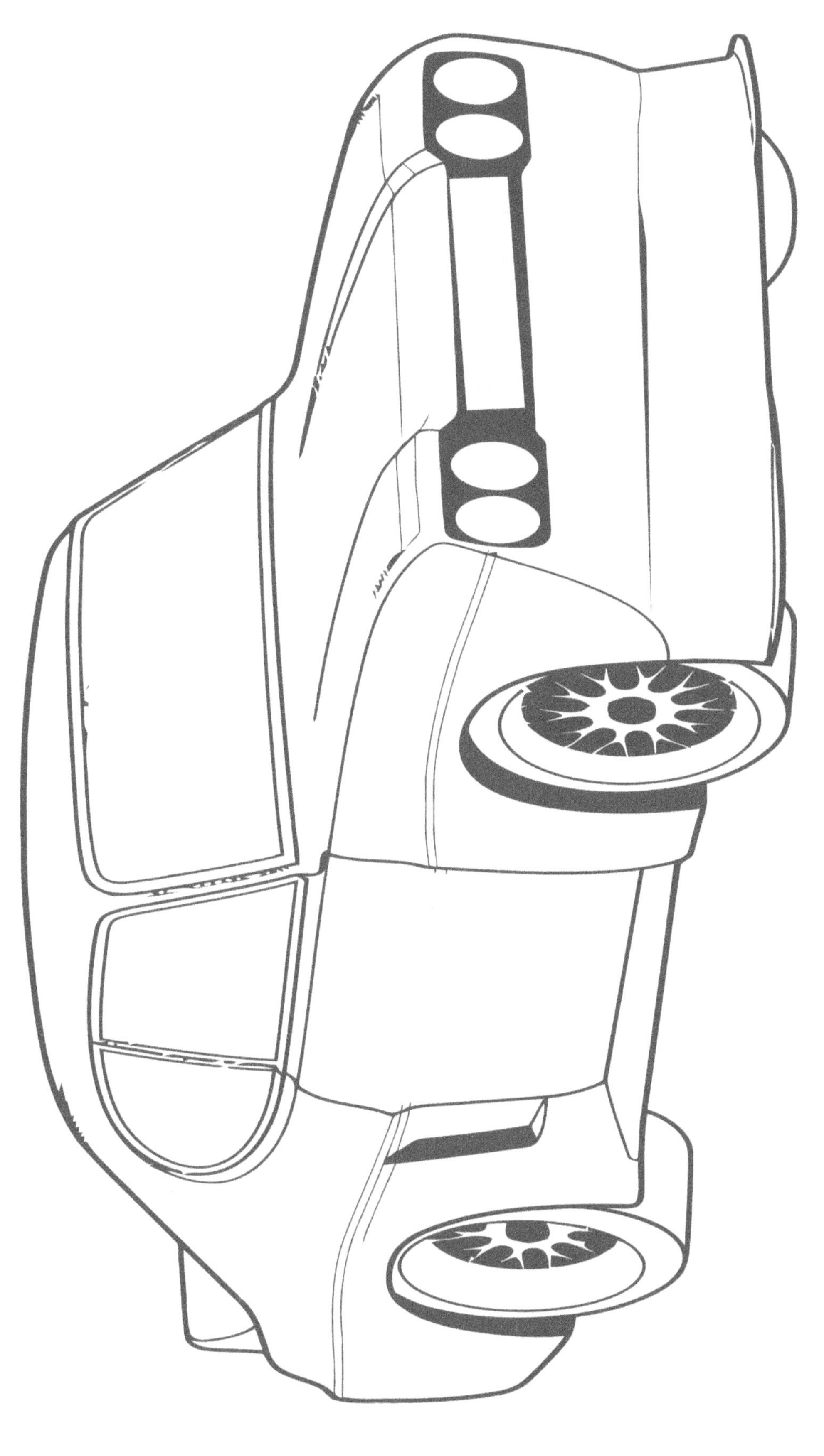

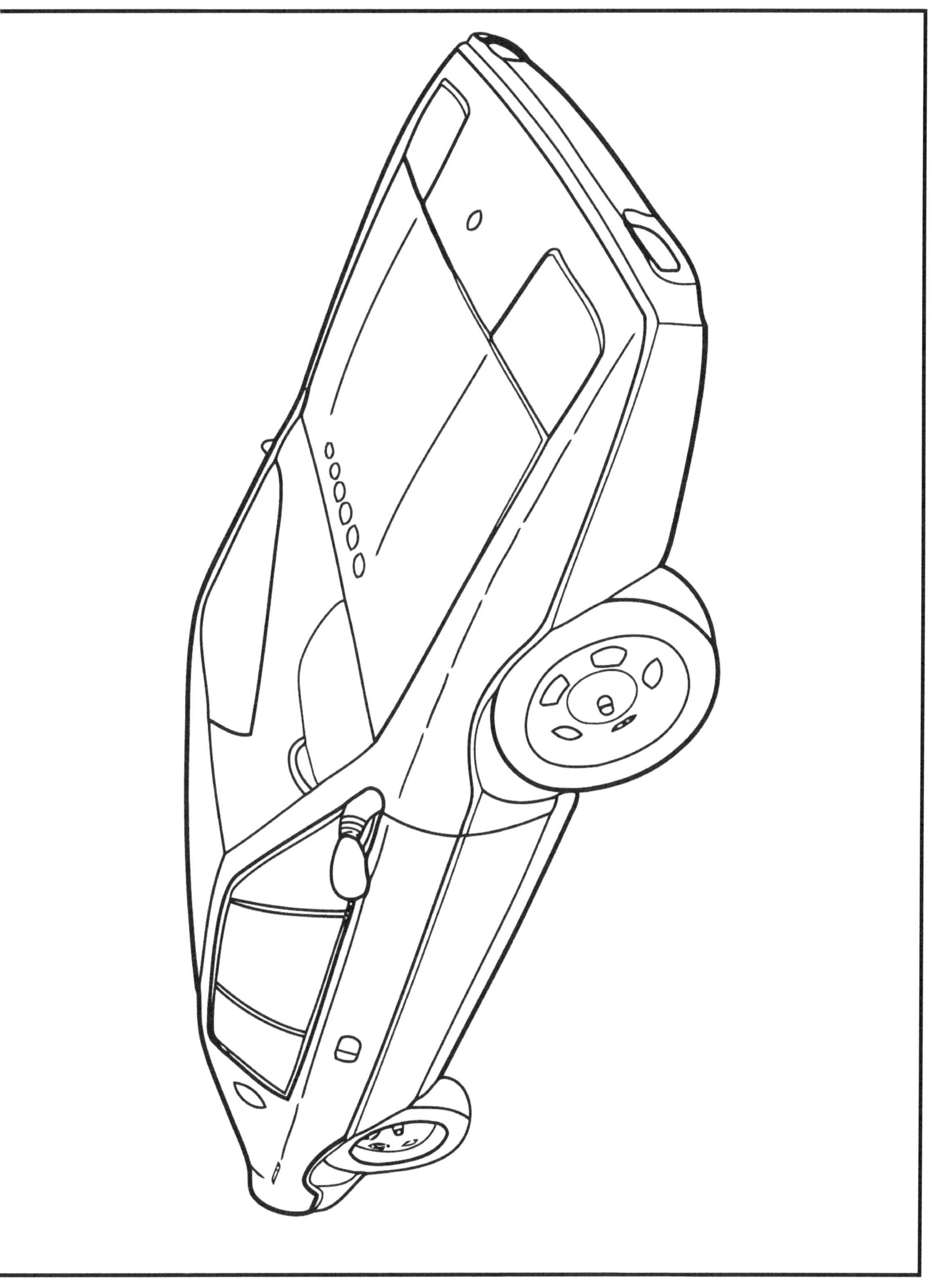

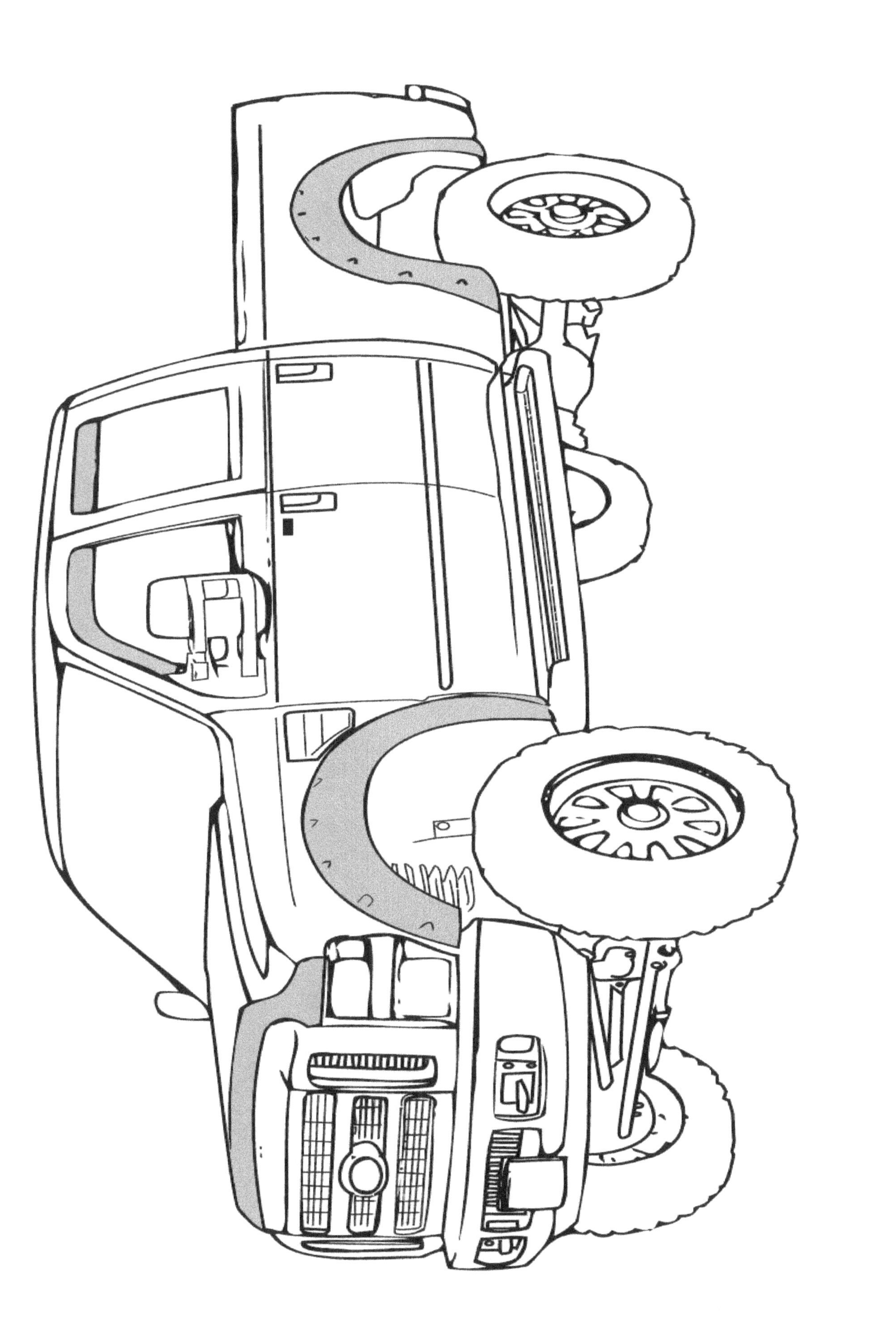

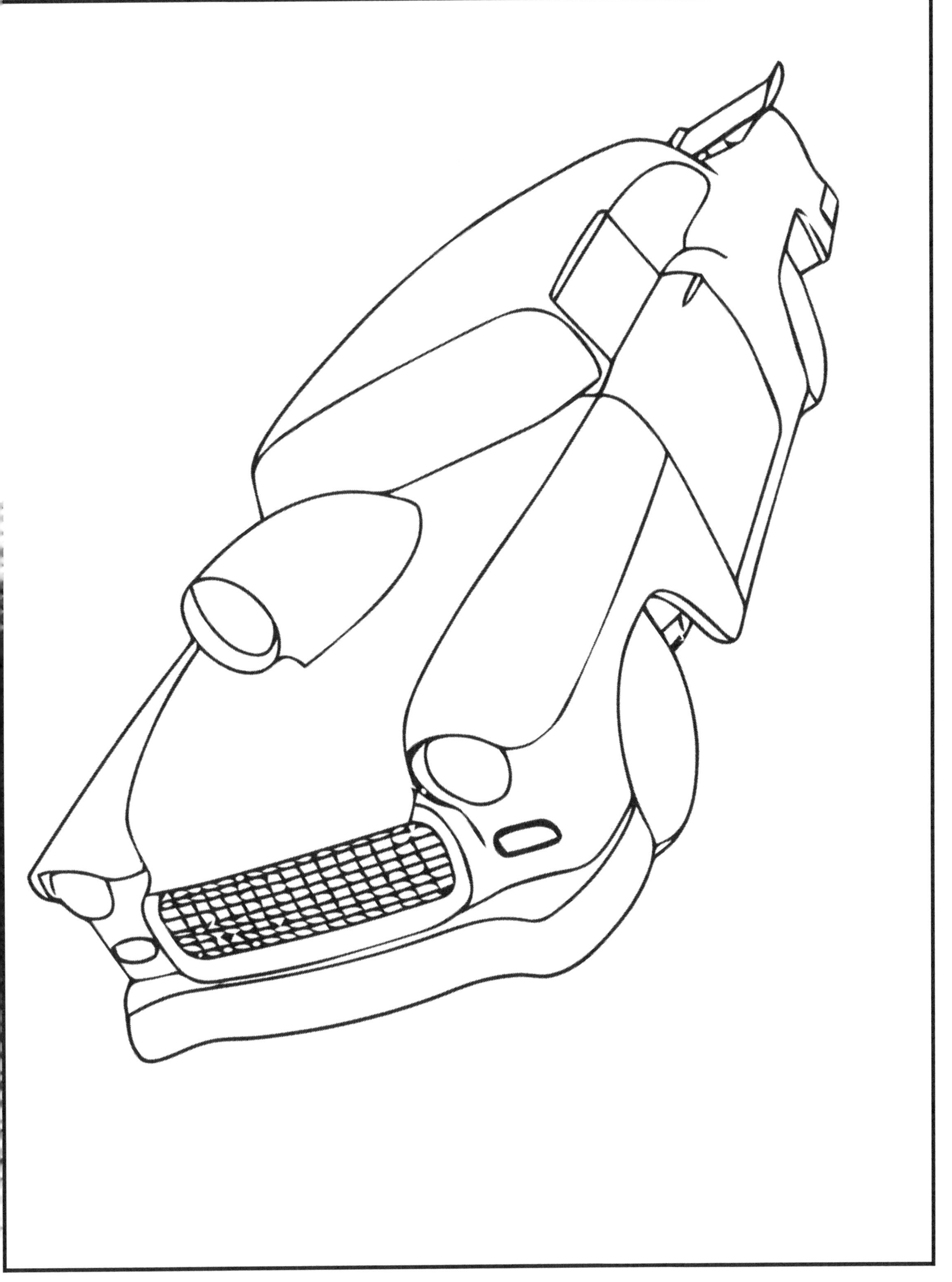

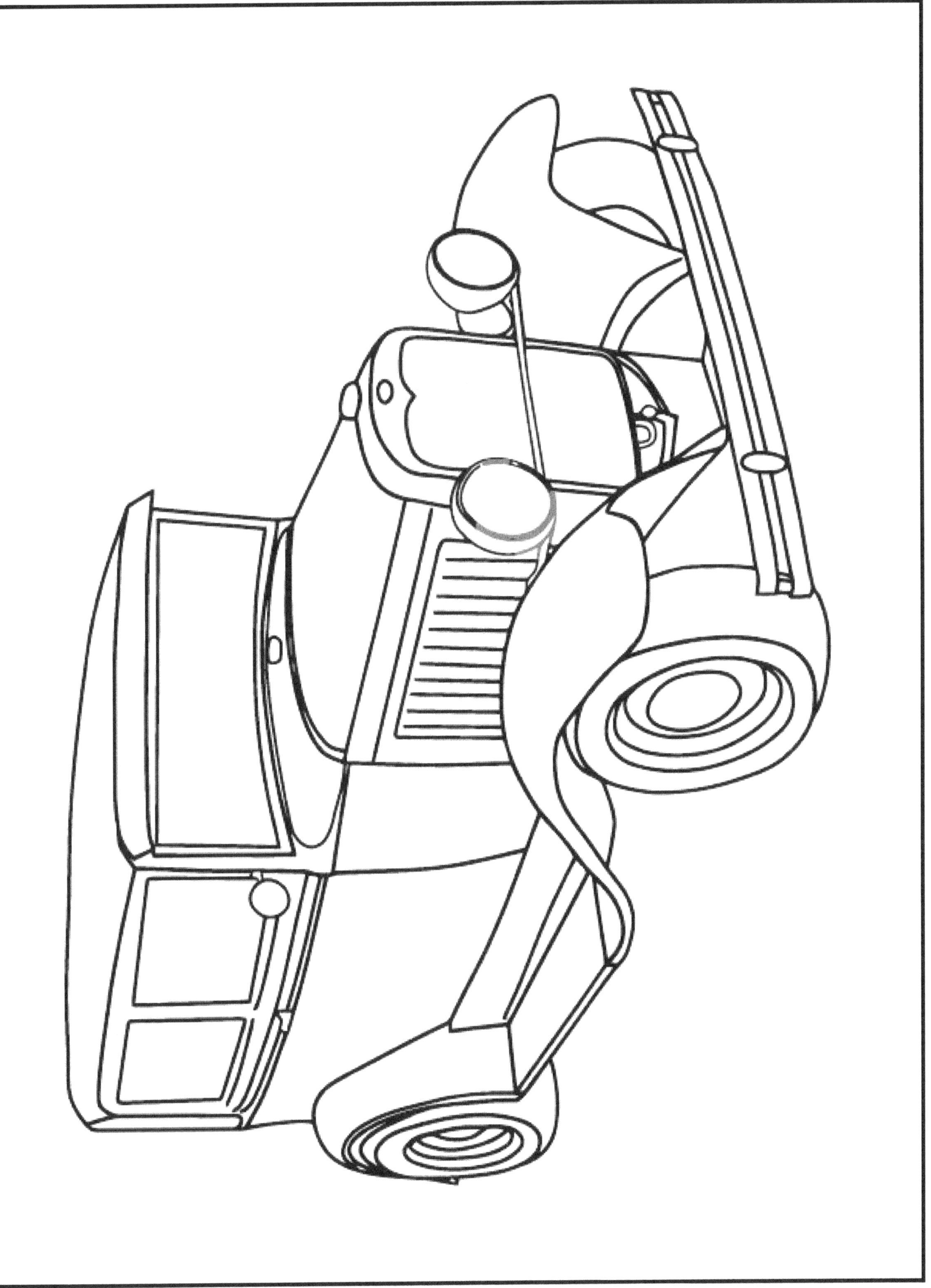

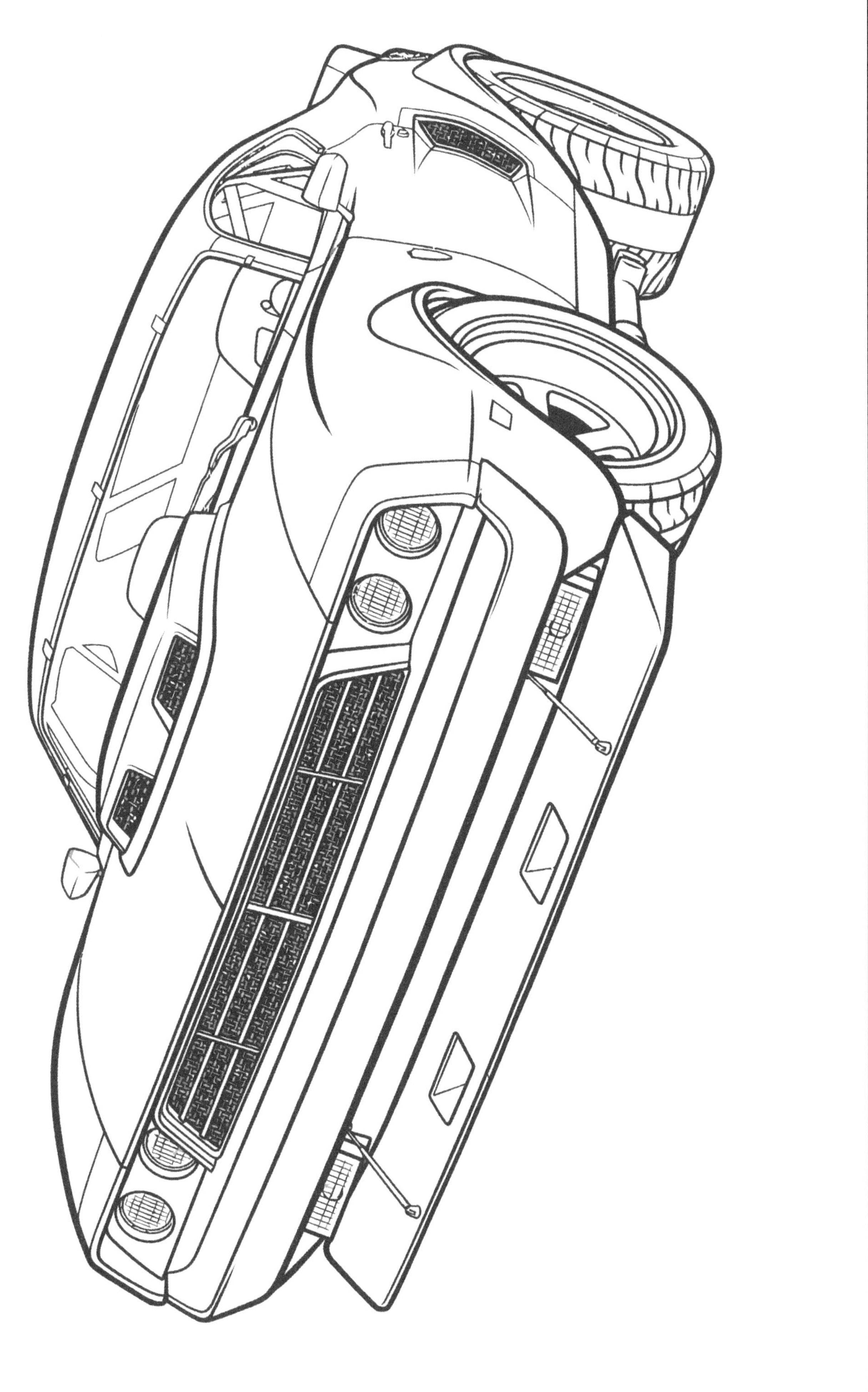

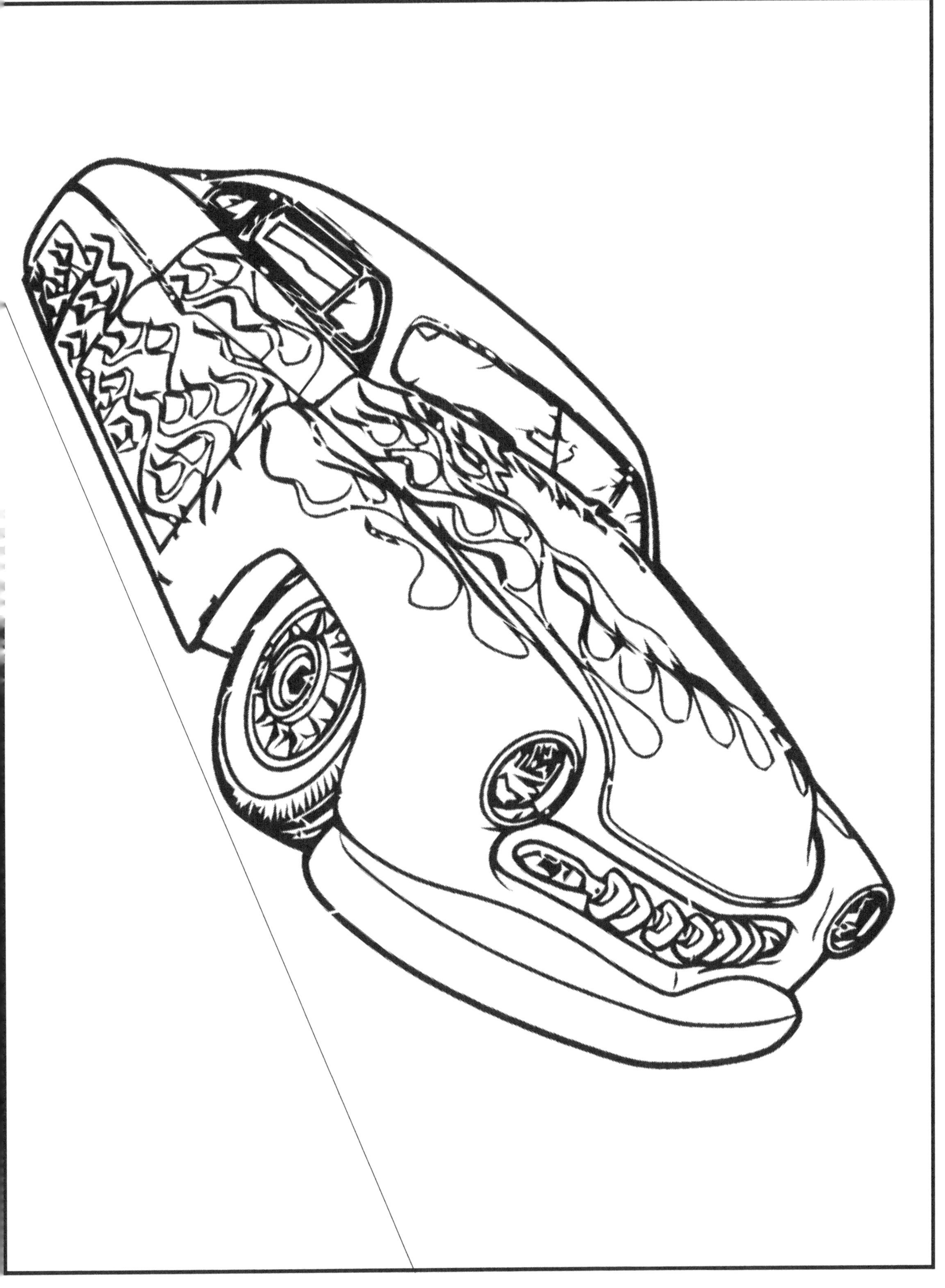

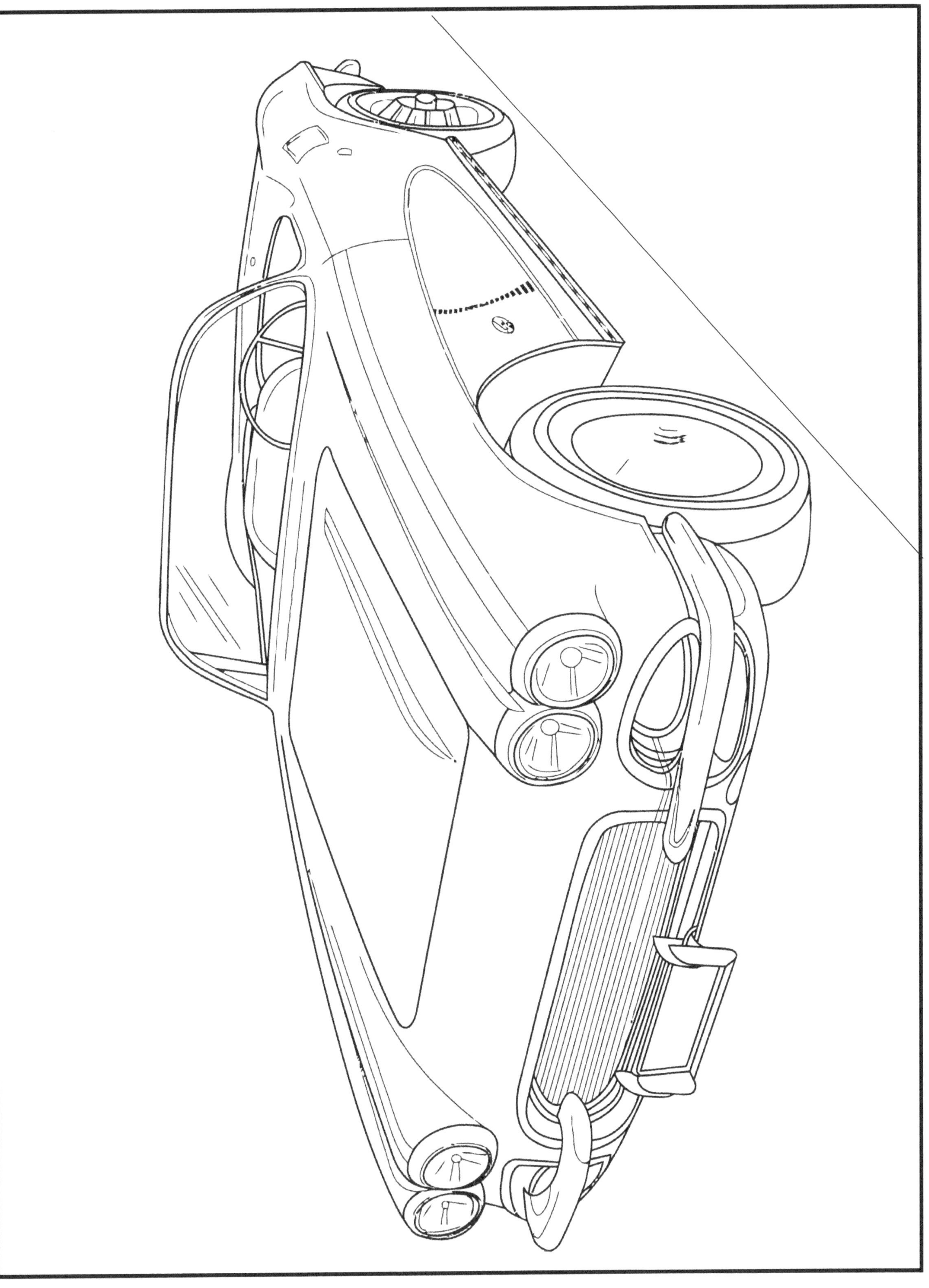

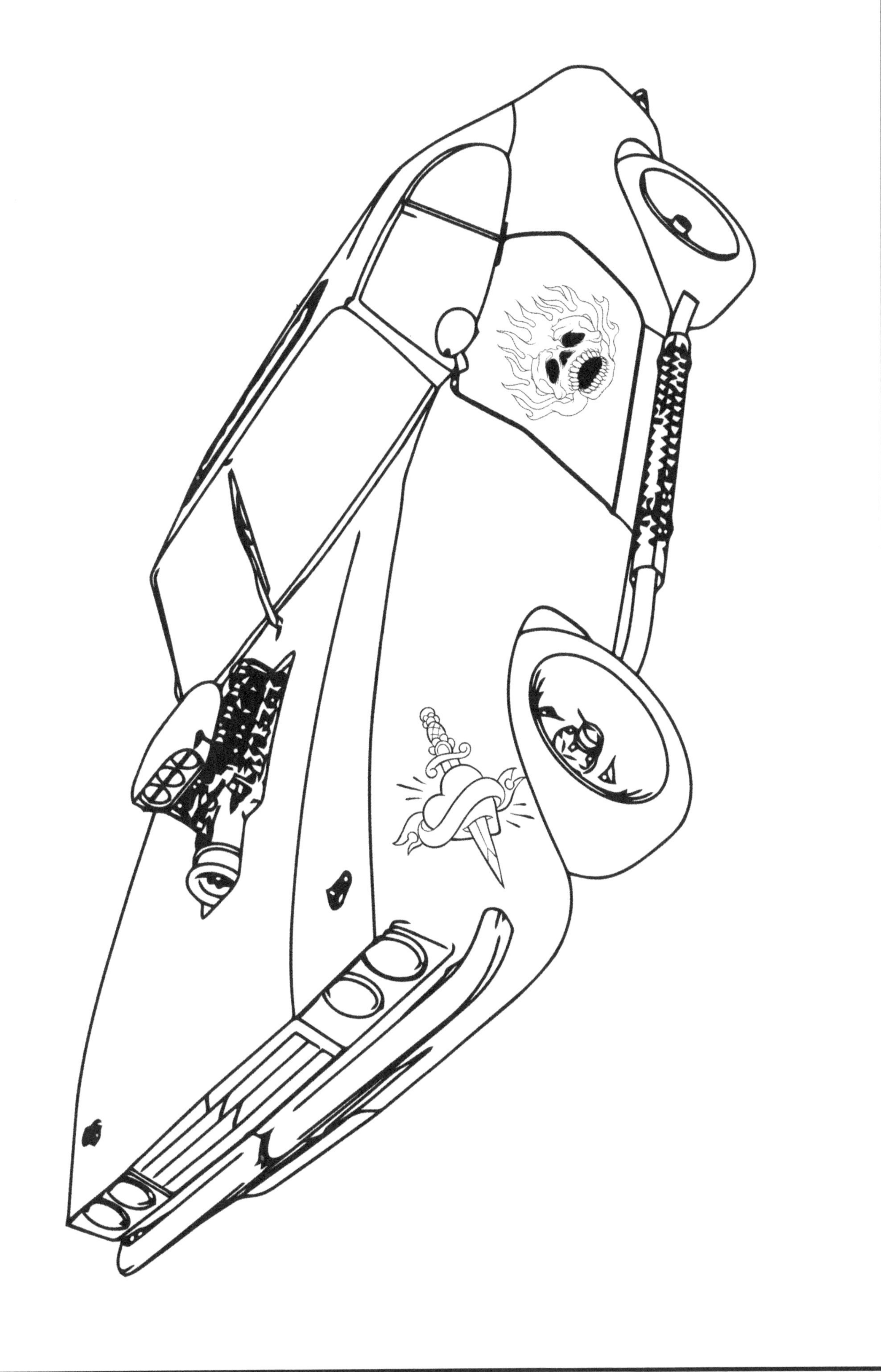

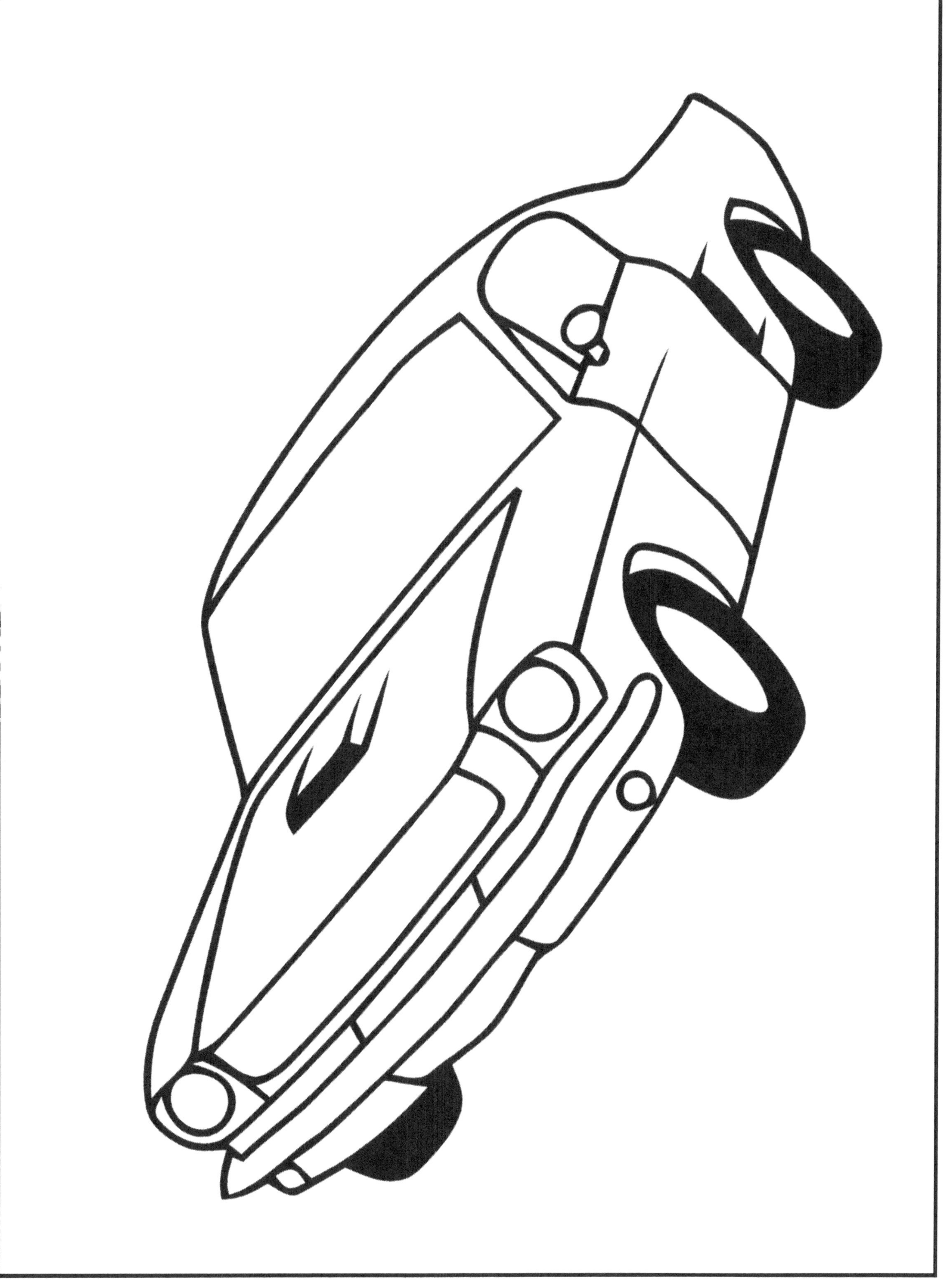

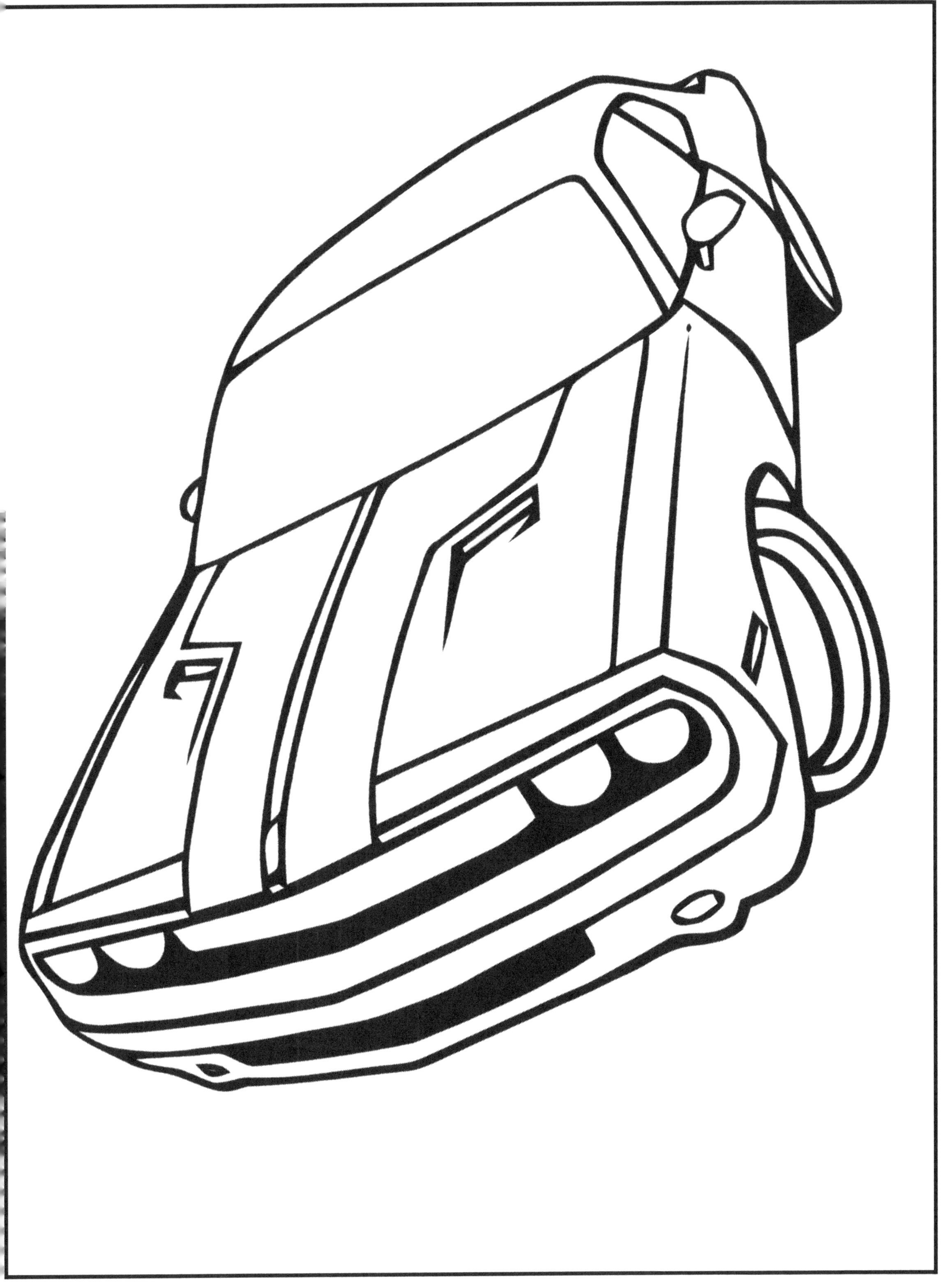

B.F.Goodrich
GT 500

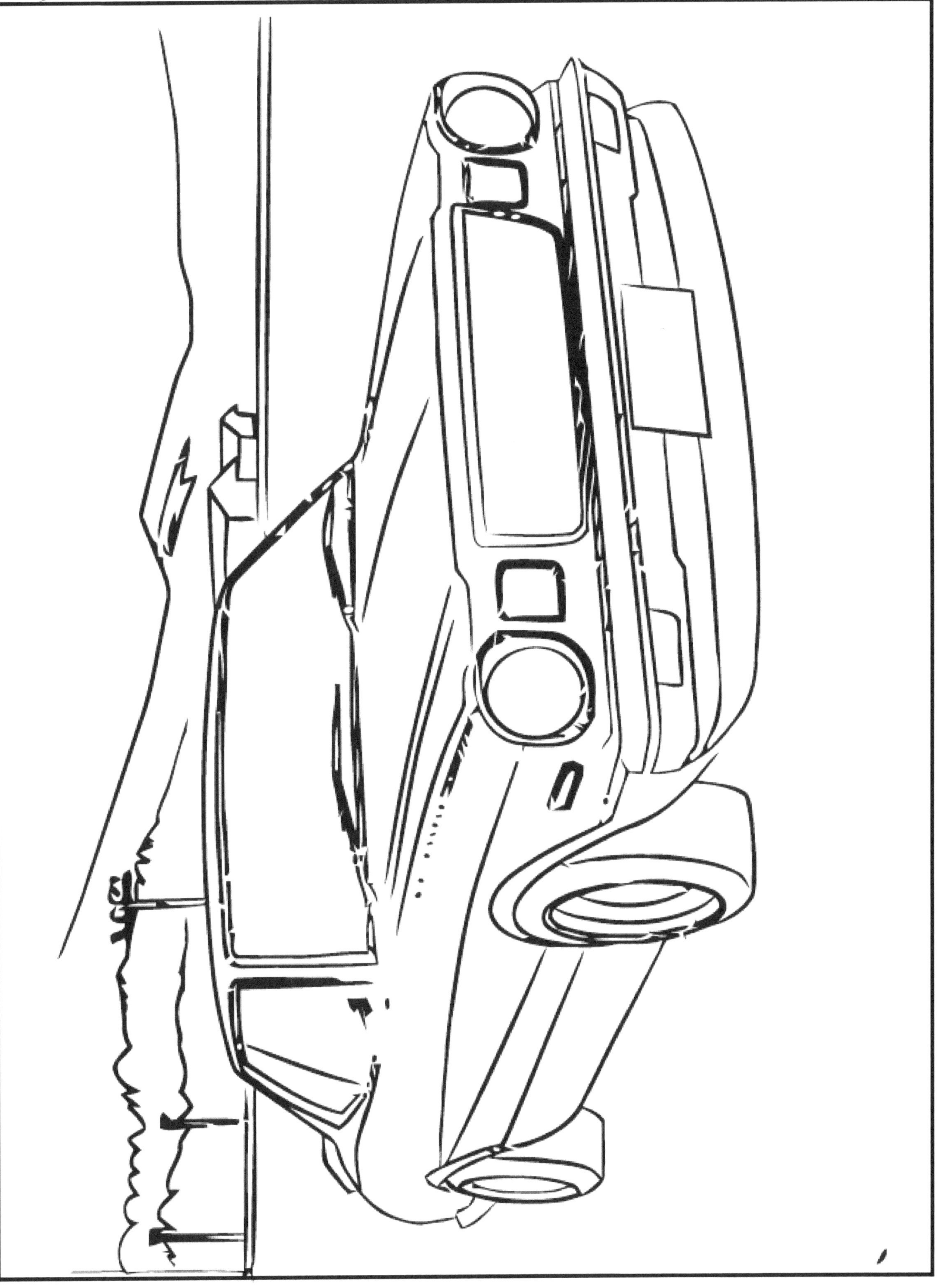